IL FAUT

ABDIQUER

OU

BANNIR CES TRAITRES

PAR UN FIDÈLE

————⟶o⟶⟵o⟵————

PRIX : 1 FRANC

————oo⟶⟵oo————

PARIS

CHEZ DENTU, ÉDITEUR, GALERIE D'ORLÉANS, 17 ET 19

(PALAIS-ROYAL)

—

1865

IL FAUT ABDIQUER

OU BANNIR CES TRAITRES

I

Oui, les temps sont arrivés !

Il faut abdiquer... ou bannir ces traîtres !

Abdiquer l'honneur de rester la nation civilisatrice, ou bannir à tout jamais ces agents de dépravation intellectuelle et morale, politique et sociale.

O Paris ! flambeau du monde ! l'air qu'ils ont fait autour de ta lumière est tellement épais, qu'on ne sait plus si tu peux encore briller à la tête des peuples.

Tes lueurs vacillantes ont peine à traverser l'atmosphère viciée, infecte et délétère.

L'ombre s'accumule intense à tes pieds, et, demeurant indécis quant à la route que tu dois suivre, ta faute est d'écouter ces traîtres qui te conseillent de t'arrêter, lorsque lorsque ton devoir est d'aller toujours en avant.

O Paris ! il faut donc te les dénoncer, ces ennemis de ta gloire et même de ton existence ?

Eh bien ! écoute la vérité, si tu peux encore l'entendre.

La voix qui te parle sort d'une conscience austère, et c'est le seul amour du véritable progrès qui l'anime.

II

Vois-tu ces vieux ou jeunes hommes qui boivent de la bière et fument réunis dans un café ?

Ce sont des écrivains, des publicistes, des journalistes, des romanciers, des auteurs dramatiques, des critiques, des peintres, des poëtes, des musiciens, des sculpteurs, des acteurs, des directeurs de théâtre et des éditeurs de librairie.

C'est, en un mot, activement et effectivement, tout Paris intellectuel.

Que fais-tu donc là, Paris intellectuel?

Le sais-tu bien?

Tu bois de la bière, répondras-tu?

Tu fais autre chose que cela, pauvre Paris :

Cette bière fermentée dont, plus tu bois de chopes, plus tu veux en boire, ce n'est pas ta soif qu'elle apaise, c'est ton estomac qu'elle emplit d'une boisson froide, indigeste et dont les fumées montent à ton cerveau pour l'engourdir.

Non content de cette atonie cérébrale que te donne la bière, il te semble bon d'éprouver encore un repos plus absolu des facultés de l'esprit, et la tisane amère n'ayant point une action assez promptement somnifère à ton goût, il paraît, tu lui adjoins un des narcotiques les plus enivrants, dont nul plus que toi ne sait abuser, le tabac.

Voilà donc Paris, le Paris activement et effectivement intellectuel, le Paris dont l'esprit anime la France, l'Europe et le monde ; voilà donc Paris qui boit de la bière et fume pendant des heures entières, quand il suffit d'un litre de cette lourde tisane et de quelques grammes de cette plante âcre et puante, pour alourdir le cerveau pendant toute une journée.

Voilà donc les travailleurs de la pensée qui s'ingénient à ne plus avoir de pensée.

Et comment voulez-vous, après cela, lorsque l'heure du travail est revenue, — car il faut travailler pour vivre, même de cette vie qui est une autre mort intellectuelle, — et comment voulez-vous, après l'abus de ces léthargifères, que ces travailleurs enfantent une œuvre qui produise le réveil de l'esprit?

De l'esprit parisien ? de l'esprit français?

Ces buveurs et ces fumeurs, quand ils sortent de leurs tabagies, — et combien peu n'y vont pas ! — ce ne sont plus des Parisiens, des Français, les fils des Gaulois, ce sont des cerveaux empanachés de brumes, des Allemands rêvasseurs ou des Anglais enivrés de spleen.

Oui, les rêves les plus incohérents, les plus extravagants, les doutes les plus moroses et les défaillances les plus pituiteuses sont la suite immanquable et désorganisatrice de ces orgies régulièrement quotidiennes.

Aussi, lisez les tartines de beaucoup de journaux : Quoi de neuf? quoi de viril? quoi de vivant? quoi de viable? quoi d'utile? quoi d'amusant? quoi de vrai?

La même question, rebattue pendant des mois entiers, toujours sur la même corde, sans une seule note plus haute que les autres notes, sans un aperçu nouveau, sans une solution prévue, sans un conseil salutaire, soit au peuple, soit au gouvernement. Rien, rien qui propose, rien qui dispose... rien, rien que de la bière qui dépose ! et du tabac qui indispose!

Et vous tous, candides abonnés, qui comptiez sur votre journal du matin pour savoir si l'état de la question avance ou recule, en êtes-vous bien plus avancés?

Et, si vous en croyez vos aimables journalistes, vous accuserez vos lois de ces tristes errements. On vous aura persuadé que, si la liberté illimitée de la presse existait, vous auriez, chaque jour, à lire des articles substantiels, une science politique élevée, de l'économie sociale et de la polémique sensée. Allons donc ! Ils abuseraient moins de la liberté de la presse que de la liberté de boire de la bière ! Plutôt que de vider leur sac d'érudition, en admettant qu'il soit plein ou même qu'il y ait sac, ils vous feraient plutôt voir le fond de leurs chopes.

Ils vous disent qu'ils ne sont pas libres de dire. Farceurs ! Demandez-leur de vous confier à l'oreille ce qu'ils n'osent pas écrire, et vous verrez que ce qui sortira de leur bouche, ce ne sera que l'odeur aigre de la bière et l'haleine fétide d'un nicotinisé ; mais de solution vraie, point.

Bien entendu, tous les journalistes ne doivent pas être compris dans cette juste appréciation. Il y a de notables exceptions que nous n'avons pas besoin de signaler ici ; les hommes honorables de la presse sont assez connus et, certes, il s'y trouve aussi des hommes absolument sobres ; mais, on ne saurait trop le répéter, les flots de bière montent toujours et si bien, qu'atteignant les nuages de la pipe, il n'est plus d'air sain, respirable, entre ces deux fléaux qui compriment la presse au moins autant que toutes nos lois les plus restrictives.

Du journalisme, allez ailleurs, et vous trouverez encore l'inondation avec ses brouillards.

Cependant, vous vous imaginez que cette inondation n'a pu suffire à ravager tout ce domaine qui vous semble immense, le domaine du journalisme : vous le croyez donc fort étendu ?

Vous vous figurez que le journalisme est une tribune où tout citoyen qui sait écrire et penser, dans l'intérêt de tous, est certain de se voir admis avec faveur et empressement, dès qu'il s'y présentera pour éclairer une question.

Erreur ! Le journalisme actuel n'est qu'une coterie, en ce sens qu'il n'insère ordinairement que les travaux de ses rédacteurs attitrés. Vous comprenez très-bien que ceux qui sont là, à la place qui les fait vivre, ne vous la céderont pas, même et surtout si vous avez à dire quelque chose de mieux qu'eux.

Plus vous aurez de talent, plus vous serez vite éliminé.

Mais, direz-vous, cela n'est pas vrai, n'est pas possible : l'intérêt même du journal en donne le meilleur démenti.

O simplesse ! ô naïveté !...

Remarquez donc bien que le journal est un être fictif. Certainement, l'intérêt du journal est d'avoir, de rechercher des hommes de talent; mais le journal, encore une fois, comme être ayant voix délibérative, n'existe aucunement. Ce sont les actionnaires qui, certes, s'empresseraient d'admettre les écrivains de talent, quels qu'ils soient et d'où qu'ils viennent; mais les actionnaires ne sont pas dans les bureaux : il n'y a, dans ces vilains bureaux, que des rédacteurs qui, tous plus ou moins, ont intérêt à repousser le nouveau qui peut leur porter ombrage. Et voilà comme quoi le journalisme, petit ou grand, de toute couleur, n'est, plus ou moins, qu'une pauvre coterie.

Ah ! que nous en dirions long à ce sujet, si l'espace ne nous obligeait à nous restreindre !

Laissons donc cette première coterie houblonnée et nicotinisée, pour en voir une autre non moins inondée.

Arrivons au théâtre.

Et, tout d'abord, notons en passant que la liberté des théâtres, n'ayant absolument rien produit de bon, corrobore assez énergiquement la thèse soutenue plus haut quant à la plaisanterie des buveurs de bière sur la liberté de la presse.

Sous Louis-Philippe et sous la république, on jouissait, ce nous semble, d'une liberté de la presse assez copieuse, et, s'il nous en souvient bien, les journalistes n'étaient guère plus forts qu'aujourd'hui. Ah ! si ! il faut être juste, un peu plus forts, mais seulement parce que la bière et le tabac n'étaient pas encore d'un usage aussi absorbant.

Consultez les statistiques et vous verrez que, depuis douze ans, la consommation de la bière et du tabac est augmentée, à Paris surtout, dans les estaminets d'écrivains, dans des proportions fabuleuses.

Ah ! s'il arrivait jamais sur le trône de France un tyran bien avisé, il s'y prendrait, pour être sûr de régner toujours, de manière à exporter tout le vin, afin qu'on ne bût plus que de la bière. Voyez s'il y a souvent des révolutions en Allemagne et en Angleterre !

L'Empereur des Français peut nous donner, sans aucune crainte, la liberté illimitée de la presse. La bière est là pour la modérer. Sire, si j'étais que vous, je n'hésiterais pas une minute : ils l'auraient dès ce soir, et je vous réponds que demain matin les journaux seraient tout aussi insignifiants qu'hier.

On peut, et cela très-gratuitement, leur donner, à ces braves journaux, la permission d'avoir de l'esprit tous les jours.

Les journalistes demandant à grands cris la liberté de la presse, cela me fait toujours l'effet d'un député qui demanderait la permission de faire d'excellents discours.

Il est temps de faire justice de certaines machines de guerre ou autres scies et balançoires à l'usage des pêcheurs de badauds.

La liberté de la presse, pour les journalistes qui ont des journaux, c'est absolument comme la liberté de la tribune pour des députés au Corps législatif : journalistes et députés qui se plaindraient de ne pouvoir pas émettre leur pensée seraient d'assez mauvais plaisants.

On le sait de reste à les lire ou les entendre.

Que l'on parle de sa place, ou d'une tribune, nous vous demandons un peu si ce n'est pas la même chose.

Et quant au journaliste qui se plaint, dans son journal, de ne pouvoir dire sa pensée, n'est-ce pas comme ce charlatan qui donnerait des louis d'or, s'il en avait de trop?

Ne sait-on pas que plus la pensée est comprimée dans une forme convenable, précise et voilée, plus elle donne à penser, plus elle est forte, plus elle a d'explosion?

Et l'insinuation, ne connaît-on pas cette arme?

Ah! qu'on leur donne le droit de tout dire, et l'on verra bien vite qu'ils n'en pensent pas tant!

III

Pourtant, de toute cette ironie, qui est une sincérité, qu'on n'aille pas conclure que nous ne sommes point partisan de la liberté de la presse!

Au contraire, nous sommes et nous serons toujours le champion de toutes les libertés.

Nous les revendiquerons, toutes, jusqu'à notre dernier souffle de vie.

Elles sont de droit; elles sont un droit, et sans elles ce n'est plus le droit, c'est la force.

Mais, entendons-nous bien, nous parlons de toutes les libertés d'être utile, et non pas de toutes les libertés d'être nuisible.

Et la preuve que la liberté de la presse n'est pas si proscrite qu'on voudrait bien le faire croire, cette preuve, nous la donnons ici même, à la manière de celui devant lequel on niait le mouvement et qui marchait!

Ah! si l'on demande la liberté de fonder tel journal à son gré, sans autorisation administrative. Ah! très-bien, l'on peut être dans le vrai.

Mais il faut rendre cette liberté possible.

Mais, fût-elle accordée, il en serait peut-être comme de la liberté des théâtres : il s'en créerait fort peu.

Quoi qu'il en soit des conséquences, le principe n'en existe pas moins sacré.

Néanmoins, il n'est pas oiseux de faire observer que la liberté de fonder un théâtre ou un journal serait encore, pour beaucoup, ce qu'est la liberté, incontestée pour tous, d'avoir de l'argent.

Ce sont vraiment là des libertés à la mode anglaise : en Angleterre, cette terre classique de la liberté, comme disent les beaux parleurs, le peuple est toujours libre... de mourir de faim. Voyez comme la misère grouille dans les rues de Londres! Eh! combien est préférable à cette ironique, illusoire et décevante liberté d'Albion, notre répression française qui interdit la mendicité!

Pourquoi? parce que, en même temps qu'il y a répression, il y a organisation *ad hoc*, c'est-à-dire assistance publique et privée.

Cependant, répétons-le, comme tout penseur, comme tout bon et honnête citoyen, nous revendiquons le droit à toutes les libertés, à toutes les libertés d'être utile.

Oui, autant que possible, pas de priviléges, pas de monopoles, sous quelque déguisement que ce soit!

Ainsi, nous voudrions la liberté des professions.

Il y aura un véritable progrès politique et social accompli, quand on aura la liberté des professions.

La liberté d'être médecin, avocat, avoué, notaire, pharmacien, etc., etc., etc., sans aucun diplôme ou privilége.

En effet, quel est le but du diplôme?

Une garantie de savoir.

Eh bien, ceux qui auront ce diplôme seront plus recherchés que ceux qui ne l'auront pas; c'est chose certaine et de justice; mais laissons au client la liberté de choisir son homme, et qu'il ne soit pas obligé de choisir parmi les diplômés, s'il a plus de confiance dans une capacité sans parchemin.

Entre le malade et le médecin, comme entre le plaideur et l'avocat, il ne doit y avoir rien, que le contrat tacite et formel de la confiance.

Mais, dira-t-on, le médecin sans diplôme tuera le malade ; l'avocat sans diplôme perdra les bons procès ; l'avoué sans certificat de capacité embrouillera les procédures ; le notaire sans titre passera, dans des contrats sous seing privé, des actes dont les conditions illicites seront des nullités préjudiciables ; le pharmacien sans diplôme se trompera sur l'administration des drogues et autres poisons.

Cette objection, messieurs, soyez certains que le bon sens public, la faisant comme vous vous la faites, n'ira s'adresser qu'à des hommes vraiment capables, diplômés ou non.

Dès lors, pourquoi restreindre ou refuser ces libertés ?

La liberté des professions est un droit qui, tôt ou tard, sera parfaitement reconnu.

Quant aux libertés d'être nuisible, oh ! celles-là sont bien différentes et faciles à reconnaître. Il ne faut pas les confondre avec celles que nous venons d'énumérer.

Un malade, ayant la liberté de choisir entre un médecin à diplôme et un médecin sans parchemin, établit à lui seul le droit à la liberté des professions ; tandis qu'un emprunteur n'a pas la liberté de choisir entre les bailleurs de fonds, comme on va le voir ; ce qui nous amène à traiter une grave question, en ce moment pendante, celle de la liberté du taux de l'intérêt.

Nous n'hésitons pas à l'affirmer, et de toutes les forces de notre conviction, la liberté du taux de l'intérêt, — quant au prêt civil, — serait la ruine immédiate des trois quarts de la France, le plus grand, le plus violent, le plus inique et le plus terrible de tous les moyens révolutionnaires.

La liberté du taux de l'intérêt serait la plus atroce de toutes les libertés d'être nuisible.

Il suffit du plus simple bon sens pour en voir briller toutes les preuves, et nous allons en indiquer quelques-unes.

Quand un particulier veut emprunter, c'est qu'il a besoin d'argent. Cette vérité de La Palisse est plus nécessaire ici qu'on ne le croirait à première vue.

Avoir besoin d'argent, quoi qu'on dise, c'est être, plus ou moins, mais toujours trop, à la discrétion d'un prêteur.

Or, la discrétion d'un prêteur, qu'on y songe, n'a guère de discrétion. L'appât du gain !...

Un particulier a besoin d'argent, il lui faut de l'argent, tout de suite, pour ne pas perdre ou toute sa fortune ou son honneur. Il le lui faut tout de suite, car on ne veut jamais emprunter qu'au moment où il faut avoir cet argent ; or, ce particulier sera ruiné complétement ou déshonoré, ou il en passera par la volonté du prêteur qui ne prête qu'à 20 ou 40 ou 50 p. 100.

Mais, dit-on, il n'y a pas qu'un prêteur ; il y a une quantité de capitalistes, et tous n'auront pas les mêmes prétentions cupides.

Nous vous demandons bien pardon, messieurs les mauvais raisonneurs : il y a beaucoup de capitalistes, oui ; mais il n'y a et il n'y aura jamais que le prêteur, qu'un prêteur. Tous, c'est le même ! L'homme est toujours l'homme... et quand la loi lui permettra de fixer lui-même son gain à sa discrétion, cet homme, ce prêteur, sera un abominable usurier !

Que ceux qui savent le cœur humain nous démentent !

Il faut être aveugle ou capitaliste avide pour ne pas voir ainsi.

Mais, examinez donc ce qui se passe dès à présent, lorsque la loi fixe encore le taux de l'intérêt : vous voyez partout des usuriers féroces, malgré la défense, et vous argumentez de là que, si vous permettiez l'usure, elle n'existerait plus !

Le raisonnement est fort... audacieux, mais exécrable.

Résumons-nous, car se donner seulement la peine de considérer la question, c'est condamner absolument cette liberté demandée.

Avec le taux de l'intérêt si sagement limité par nos lois, la France est déjà hypothéquée aux trois quarts, sinon aux quatre, de son sol : ces hypothèques, à un moment donné, produisent des ventes par suite de saisies, qui produisent elles-mêmes la division de la propriété. Cette division de la propriété, poussée à l'excès, arrive à un terme de réaction qui fait que cent petits propriétaires sont, un jour, exécutés par un seul capitaliste, ce qui fait, en somme, cent mécontents, cent révolutionnaires contre un propriétaire.

Chiffrez, additionnez, et vous trouverez au total une révolution sociale qui vous pend aux oreilles ; mais une révolution horrible, celle des ruinés !

Et quand vous venez faire de grandes phrases, au nom de la prétendue liberté ; quand vous dites : L'argent est marchandise... Non, mille fois non, messieurs, une chose dont la vie matérielle dépend, un objet sans lequel on ne peut avoir du pain, cela n'est pas marchandise, pas plus que la vie elle-même ; cette chose, c'est le moyen essentiel, c'est le *sinè quà non*, c'est l'air, c'est l'indispensable, qui doit être dispensé à chacun, et que nul n'a le droit de marchander à sa propre discrétion.

L'argent se prête ou se garde, à volonté, selon les lois sociales et selon les lois plus intimes de la conscience ; mais l'argent ne se vend pas, puisque c'est lui qui achète !

La liberté du taux de l'intérêt, quant au prêt civil, serait un fléau.

Mais revenons aux traîtres qu'il faut bannir.

IV

On a vu, par ce qui précède, que par ces traîtres, ces agents de dépravation intellectuelle et morale, nous entendons la bière et le tabac.

Oui, la bière et le tabac sont les véritables traîtres de l'esprit français.

La bière et le tabac sont à la France moderne ce que l'opium est à la Chine.

Journalistes, auteurs dramatiques, romanciers, poëtes, peintres, enfin tout le peuple des travailleurs de l'intelligence, se livrant à la bière et au tabac; c'est la France, l'Europe, le monde allant à la décadence.

C'est l'obésité menant à l'impuissance, et l'impuissance au découragement, qui produit toutes les servitudes.

La bière et le tabac, voilà donc ce qu'il faut bannir de nos habitudes, sous peine d'abdiquer bientôt comme nation lumière.

Mais ces traîtres ne sont pas les seuls; il en est encore un plus perfide que les autres, et d'autant plus dangereux que celui-là plaide et pose sous le masque du progrès.

Ce traître, qui ose se nommer d'un nom splendide, nous allons le démasquer.

V

Au nom des grandes destinées du monde moderne ;

Au nom de la démocratie militante et surtout intelligente, conséquemment probe et seule viable ;

Nous faisons appel à la raison pour combattre le troisième traître, le monstre d'ingratitude qui, plus rapidement encore que la bière et le tabac, nous pousserait à la plus triste de toutes les décadences.

Parisiens! Français! et vous autres, peuples qui marchez ou qui croyez nous suivre dans la voie du progrès!

Vous parlez toujours de liberté, d'égalité, de fraternité, de réciprocité.

Vous proclamez bien haut, — et vous avez assez raison en cela, — que dans ces mots sublimes sont renfermés les principes les plus sacrés.

Eh bien, vous êtes-vous jamais demandé pourquoi les prétendus thuriféraires et défenseurs ou partisans de ces principes en sont arrivés de nos jours, — par l'illogique la plus inexplicable, — à déblatérer contre le premier révélateur de ces principes?

Ces principes constituent la loi de Dieu sur la terre, disent-ils; leur origine est divine ; car, si leur origine n'était qu'humaine, on n'aurait pas le droit d'affirmer que leur doctrine contient seule la vérité.

Tout ce qui est d'origine ou d'essence humaine étant sujet à l'erreur, si la loi de liberté, d'égalité, de fraternité, n'était pas d'origine divine, on pourrait la contester.

Or, nul au monde ne la conteste : démocrates, monarchistes, philosophes, crédules, incrédules et croyants, dévots et sceptiques, tous, tous reconnaissent cette loi comme absolument vraie, mais relativement applicable.

Nous naissons et nous mourons tous, les uns comme les autres : même point de départ, même arrivée, même sortie, même but.

Donc c'est l'absolue vérité.

Qu'est-ce que c'est que l'absolue vérité, sinon chose d'origine divine?

Donc, puisque tous reconnaissent que la liberté, l'égalité, la fraternité, la réciprocité sont d'origine divine, pourquoi le premier révélateur de ces grandes lois serait-il nié comme

Dieu, lorsqu'il a précisément affirmé, pour les proclamer, qu'il était fils de Dieu, Dieu lui-même?

S'il n'était réellement qu'un homme, il était donc un imposteur?

Alors, pourquoi croire à la vérité de ses révélations plutôt qu'à celle de son affirmation personnelle?

Ou le Nazaréen était vraiment Dieu, ou bien les lois de liberté, d'égalité, de fraternité ne sont què des mensonges.

Jésus a dit : Hommes, vous êtes tous frères ;

Aimez-vous les uns les autres ;

Ne faites pas à autrui ce que vous ne voudriez pas qu'on vous fît;

Faites ce que vous voulez qu'on vous fasse ;

Je vous le dis en vérité, je suis celui qui *est*.

Et vous autres, messieurs les prétendus savants ou philosophes, vous autres qui prétendez défendre, comme seules vraies, les lois qu'il a promulguées le premier, vous osez dire qu'il mentait, qu'il n'était pas celui qui est !

Puisque vous ne voulez pas croire en lui, comment espérez-vous nous faire croire en vous?

Ou ses lois, que vous faites vôtres, sont vraies comme toutes ses affirmations, ou elles sont des erreurs.

Si elles sont vraies, il est Dieu.

Si elles sont des erreurs, qu'êtes-vous?

Mais, non, il n'y a pas de doute possible; elles sont vraies, elles sont des vérités divines, et vous autres qui ne niez que la divinité de l'inventeur, vous faites de pauvres inventions qui, au nom de la prétendue raison, constituent la plus déraisonnable, irrationnelle et folle de toutes les ingratitudes.

Quand nous disons que vous faites de pauvres inventions et de l'ingratitude, vous ne savez pas réellement ce que vous faites.

Voulez-vous le savoir?

Eh bien, vous faites le doute, c'est-à-dire le plus grand trouble qui puisse tourmenter un peuple, un siècle. Vous faites douter de la vérité; alors vous enlevez au peuple, au siècle, la foi qui seule aide à marcher dans la voie du progrès, voie ardue et semée d'épines, de ronces ensanglantées.

Si le peuple ne croit plus à la vérité, à l'origine divine de ces lois que vous lui répétez, après le révélateur; s'il n'a plus cette foi, il écoutera les faux prophètes qui, tout aussi éloquemment que vous, lui prêcheront l'égoïsme, c'est-à-dire le matérialisme, la loi du plus fort et la souveraineté de la jouissance présente sur les saintes aspirations de l'avenir.

Malheureux étourdis, laissez croire à Jésus, en Jésus, si vous voulez que l'on croie en l'efficacité, en la vérité des principes que vous affectez. Nous disons que vous affectez, que vous professez, au lieu de dire que vous avez, car si ces principes étaient réellement les vôtres, pourriez-vous douter et dire que vous doutez du Christ-Dieu?

Non. Vous jouez le rôle que devraient jouer seuls les adversaires de ces principes.

C'est en niant seulement leur origine qu'on peut arriver à les nier eux-mêmes.

Tous les partisans de la tyrannie politique et sociale devraient essayer de détrôner Jésus.

Laissez la foi au peuple. On n'est pas démocrate si l'on n'est pas chrétien.

Quand Jésus a dit : « Mon règne n'est pas de ce monde, » il a dit vrai comme toujours, parce que, en effet, il n'est pas venu pour régner, il est venu pour aimer et faire aimer. Sa loi n'est pas une loi de règne, c'est une loi d'amour. Il n'est pas souverain comme un souverain de ce monde ; il n'est souverain qu'au ciel, parce qu'il était la fraternité divinement personnifiée sur la terre.

En faisant des sceptiques, vous faites des esclaves et des tyrans.

N'allez pas confondre, messieurs. Il ne s'agit point ici de telle ou telle forme de gouvernement. La forme, pas plus que le terme ou le mot, ne fait rien à l'affaire.

La démocratie est plus vraie avec un seul bon démocrate à sa tête, qu'avec cent prétendus démocrates qui lui tiraillent la queue.

La forme n'emporte le fond que dans les billevesées et autres turlutaines de la logomachie.

Donc, ici, pas de mensonges quant à la forme ; la vérité quant au fond. La vérité, la voici :

La bière, le tabac et le scepticisme sont trois choses détestables, et qu'il faut bannir ;

Parce qu'il faut qu'un peuple, qu'un siècle soit sobre et qu'il ait la foi, sous peine d'abdiquer.

Et maintenant, ô France ! ô mon siècle ! donnez-vous la peine de vous regarder dans la glace fidèle qu'on va vous présenter, et ce que la bière, le tabac avec le scepticisme ont fait de votre esprit, va, sans doute, vous porter à réfléchir.

VI

En lisant ces quelques pages écrites au courant de la plume et tout d'un souffle, et qui n'ont d'autre prétention que d'être utiles en disant des vérités irréfragables, les sots, qui depuis Adam sont en majorité, les sots vont s'écrier :

« Cela n'est pas sérieux ; attribuer l'abaissement de l'esprit et du caractère à la bière, au tabac, à une absence de foi, allons donc ! La preuve que cela n'est pas sérieux, c'est que cela nous est dit dans un style tout déshabillé, sans phrases, périphrases ni paraphrases. Ce qui a du fond doit avoir plus de forme ! »

O niais ! ô bélîtres ! ô race à jamais moutonnière !.. ô lignée sempiternelle de Bridoison ! vous arrêterez-vous toujours ébahis devant la fo-o-o-rme ?

Que penser d'un temps dont les succès sont des scandales de bêtise, comme le *Pied qui remue, Zut alors ! Fallait pas qu'y aille, Ohé ! Lambert !* etc., etc., etc. ?

A quoi attribuer cette dégénérescence de l'esprit, qui fait que moins une production a de signification, plus elle réussit et devient fructueuse à son auteur ?

Trouvez à ce marasme intellectuel et moral une autre cause que l'habitude de l'abrutissement !

Certains jongleurs de la parole et de la plume, cherchant midi à quatorze heures, bâtiront d'interminables discours ou des volumes compactes pour arriver à cette fameuse découverte qui ne découvre et ne dit rien, que nous sommes dans une *époque de transition !*

Quelle calembredaine !

Est-ce que toutes les époques ne sont pas des époques de transition ? est-ce que 1865 n'est pas entre 1864 et 1866 ?

Taisez-vous donc, penseurs qui n'avez rien à dire !

Notre époque de transition est bête, parce qu'elle est abrutie, et voilà tout.

Qui l'abrutit ?

Est-ce, comme le prétendent doctoralement les prétendus penseurs sérieux, la compression des libertés ?

Mais vous avez la liberté de faire des chefs-d'œuvre et vous n'en usez pas, parce que vous êtes abrutis.

Mais, si vous n'étiez pas abrutis, vous n'auriez pas besoin de les réclamer, ces libertés ; elles vous seraient acquises.

La liberté ne se demande pas : elle se fait. La demander est presque la preuve qu'on ne la mérite pas ou qu'on s'en servirait mal.

Avec l'abrutissement qui vous distingue et qui a enfanté des œuvres comme les succès plus haut cités, que feriez-vous, par exemple, de la liberté de la presse ?

Lorsque la liberté restreinte vous permet d'hébéter ainsi toute un monde, tout une époque, que feriez-vous si l'on vous donnait la liberté illimitée ?

Lorsqu'au nom de la liberté de conscience, vous troublez toutes les consciences, en publiant des livres épais qui sont un tissu de contradictions stupides et prétentieuses, dont le seul but est de flatter l'ignorance et de vous enrichir, fausse science pour arriver au lucre ; lorsque vous prêchez l'athéisme sous toutes les formes ; lorsque vous en êtes arrivés à enseigner que la morale n'est pas une, absolue ; qu'il y a toutes les morales que l'on veut et comme on veut ; que feriez-vous de toutes les libertés que vous demandez ?

Sachez donc les mériter au lieu de les réclamer, et dès que vous en serez dignes, il sera superflu de les revendiquer, elles seront en votre pouvoir, rien que par votre seule dignité.

Un grand penseur l'a dit il y a longtemps : Un peuple a toujours le gouvernement qu'il mérite.

Paraphrasez cette vérité, et vous aurez celle-ci : Un peuple n'a jamais les libertés dont il n'est pas digne.

Mais, voyons, il faut en finir avec toutes vos vieilleries qui ne leurrent que des enfants.

La première des libertés que vous voudriez, n'est-ce pas, ce serait de renverser ce qui est, afin de vous implanter à sa place ?

Vous voulez la liberté de faire une toute petite révolution à votre plus grand profit.

Après ? le monde en serait-il mieux ?

Vous à la place des autres, ce serait toujours la même chose, en vous supposant toutefois, ce qui est fort douteux, autant de talent et de patriotisme qu'en ont les autres.

Nous aurions donc eu cette petite révolution pour ne gagner qu'un simple changement de personnes ; car on ne gagne presque jamais que cela, à ce que vous nommez révolution.

Ce n'est vraiment pas la peine !

Oui, tous tant que vous êtes qui réclamez toujours, vous blancs, rouges et noirs, et bleus, examinez-vous bien et, la main sur la conscience, avouez que vous ne voulez que cela.

Avouez-le, ou ne l'avouez pas, on le sait, le peuple le sait, cela suffit.

Le peuple sait que changer de route n'est pas avancer ; que ces mutations ne sont pas des révolutions de principes, et que, depuis près de dix-neuf cents ans, en fait de principes, comme il n'y a plus rien à trouver de nouveau, les gouvernements n'ont pas besoin d'être renversés, les États n'ont pas besoin d'être ruinés, pour que l'application de ces principes suive une marche progressive. Cette marche ne peut exister qu'avec la paix intérieure, et ce que vous réclamez nous pourrait ramener la guerre civile.

Ce n'est vraiment pas la peine !

Ne nous payons plus de mots.

Ne soyons plus les esclaves de la forme.

République ou monarchie, que fait le titre, le mot, la forme, dès qu'au fond il y a les principes démocratiques ?

Or, ces principes, cette démocratie, il faut bien le répéter et le faire comprendre, ce n'est ni la France, ni 1789 qui les a révélés, inaugurés, établis, c'est tout uniment et tout simplement le fils d'un charpentier, naissant dans la crèche de Bethléem.

Le fils de ce charpentier, que vous le reconnaissiez Dieu ou non, n'en est pas moins celui qui *est*.

Et vous en êtes fort heureux, sans vous en douter.

Et si la bière et le tabac vous germanisent l'esprit au point de vous donner des rêves assez brumeux pour vous faire nier même l'existence et l'histoire de ce révélateur, il n'en sera pas moins encore celui qui *est*.

Que si, confondant la lettre avec l'esprit, le fond avec la forme, le mot avec la chose, des cerveaux obtus, arriérés ou trop avancés, — trop avancés est un mot vide de sens; on est ou on n'est pas, dans la démocratie ou à côté, mais jamais au delà : la démocratie étant un principe d'origine divine, l'homme ne saurait la dépasser. — Que si donc des cerveaux obtus s'imaginent être chrétiens sans être démocrates, ils ne savent ce qu'ils sont ou, pour mieux dire, ils sont ceux qui ne *sont* pas.

A bons entendeurs de Pékin, de Nankin, de Paris ou de Rome, salut !

Résumons-nous une dernière fois.

Pour jouir de toutes les libertés d'être utile, les seules possibles,

Pour hâter le progrès de la démocratie, .

En un mot, pour rentrer dans la voie tracée aux hommes par le doigt de Dieu :

Plus près des cieux qu'on replace le monde,

a dit Béranger.

Pour ne pas abdiquer l'honneur d'être, de rester la nation civilisatrice, la lumière du monde et du siècle,

Il faut que la France ne se germanise, ne s'anglomanise plus ; il faut qu'elle ne s'abrutisse plus par la bière, par le tabac et par le scepticisme.

Et, pour que de l'abrutissement elle n'arrive pas à la folie, il faut aussi que de ses habitudes d'orgie elle bannisse un autre poison, l'absinthe.

La bière, le tabac et l'absinthe, tels sont les trois poisons qui font de notre corps, de notre boîte matérielle, un triste meuble qui ne contient plus, dans aucun de ses tiroirs, ce petit objet sans quoi l'on n'est bon à rien, l'esprit.

L'esprit, c'est l'âme.

Un corps sans âme devient pourriture.

Aussi, la bière, le tabac, l'absinthe qui, en hâtant la pourriture du corps, détruisent l'esprit, font, comme le scepticisme, nier l'âme, l'âme immortelle, et Dieu.

L'abrutissement, c'est la mort, la mort d'un peuple, comme la mort d'un homme.

Les béotiens vont dire, en souriant, que tous les écrivains qui sont dans l'erreur ou abrutis n'usent pas tous ou n'abusent pas de bière, de tabac et d'absinthe ; que parmi les sceptiques il y a des hommes sobres. Peut-être, nous ne disons pas non ; mais cela n'infirme point nos affirmations. Ces écrivains sobres savaient s'adresser à des abrutis : alors ils ont flatté les passions de l'abrutissement ; et voilà comme quoi la bière, le tabac, l'absinthe, qui amènent à douter de tout, même de la vertu des femmes dont ils éloignent l'homme, devant être bannis comme fauteurs de bêtise, le salut de l'avenir est entre les mains de la femme, qui aura toujours l'esprit de nous faire croire à l'amour.

A Dieu ne plaise, ô journalistes ! que nous vous confondions tous avec les exploiteurs de la coterie, les abrutis, les sceptiques et les hâbleurs ! La majorité d'entre vous, au contraire, forme l'élite courageuse et désintéressée des pionniers du progrès. Mais une brebis galeuse suffit à perdre un troupeau. L'indulgence envers les fauteurs de l'abaissement est une complicité. Les mœurs et les caractères se tiennent, comme l'accomplissement du devoir peut seul obtenir satisfaction au droit !

FIN.